3 Décembre

VENTE

Du Mardi 3 Décembre 1907

HOTEL DROUOT, SALLE N° 6

à deux heures

Tableaux Anciens

ET MODERNES

COMMISSAIRE-PRISEUR

Me HENRI BERNIER

ADMINISTRATEUR

De l'étude de feu Me Paul CHEVALLIER

EXPERT

M. JULES FÉRAL

CATALOGUE

DES

TABLEAUX ANCIENS

ET MODERNES

DE TOUTES LES ÉCOLES

Panneaux Décoratifs

DESSINS ET GRAVURES

Dont la vente aura lieu

HOTEL DROUOT, SALLE N° 6

LE MARDI 3 DÉCEMBRE 1907

A DEUX HEURES

COMMISSAIRE-PRISEUR
Me HENRI BERNIER
ADMINISTRATEUR
De l'étude de feu Me Paul CHEVALLIER
10, rue Grange-Batelière

EXPERT
M. JULES FÉRAL
7, rue Saint-Georges
PARIS

EXPOSITION PUBLIQUE

Le Lundi 2 Décembre 1907, de 1 h. 1/2 à 5 h. 1/2

CONDITIONS DE LA VENTE

La vente sera faite au comptant.

Les adjudicataires paieront *dix pour cent* en sus des enchères.

Paris.—Imp. de l'Art. CH. BERGER et Cie, 41, rue de la Victoire

DÉSIGNATION

TABLEAUX ANCIENS
ET MODERNES
DESSINS ET GRAVURES

LANTARA (SIMON-MATHURIN)

1 — *Paysage au clair de lune.*

Dessin orné de figures, par MÉRIGOT.
Signé et daté.

LANTARA (SIMON-MATHURIN)
(DEUX PENDANTS)

2 — *Paysages avec rochers, cours d'eau et figures.*

Dessins au crayon noir rehaussés de blanc.
Signés et datés.

3 — Gravures anciennes.

4 — Cadre Régence en bois sculpté.

BADEN (H.-G. VAN)

5 — *Intérieur d'une église.*

Signé à gauche.

BASSAN (Attribué à)

6 — *Le Mauvais riche.*

BELIN DE FONTENAY

7 — *Vases de fleurs.*

Deux dessus de portes.

BERENTS (W.)

8 — *Paysage de Hollande.*

Effet de neige.
Signé à gauche.

BERGERET (Pierre)

9 — *Fleurs dans un vase.*

Signé à gauche et daté: 72.

BERGHEM (Attribué à Nicolas)

10 — *Le Passage du gué.*

BEYEREN (Attribué à Van)

11 — *Etal de poissons.*

BEYEREN (Attribué à Abraham Van)

(deux pendants)

12 — *Poissons.*

BLUM (Maurice)

13 — *Le Cirque.*

BOL (Attribué à F.)

14 — *Amour faisant des bulles de savon.*

BOUCHER (D'après François)

15 — *La Belle Villageoise.*

BOUCHER (Ecole de)

16 — *Le Pont rustique.*

BOULANGER (Louis)

17 — *Portrait de Femme âgée.*
Signé à droite.

BOURDON (Sébastien

18 — *Portrait d'un Gentilhomme.*

BRONZINO (Attribué au)

19 — *Portrait d'une Princesse.*

BRONZINO (Attribué au)

20 — *Jeune Femme en buste.*

CARRÉ (H.)

21 — *Annonciation aux bergers.*
Signé et daté : *1707.*

DOU (D'après Gérard)

22 — *La Ménagère hollandaise.*

DURER (École d'Albert)

23 — *Saint Evêque opérant un miracle.*

FAVRAY (Attribué au Chevalier)

24 — *Portrait de Femme tenant un éventail.*

FYT (D'après Jean)

25 — *Chien et gibier.*

GLAIZE (Auguste)

26 — *La Sainte Famille dans une barque.*
Signé et daté : *1850.*

GOLTZIUS (Attribué à Henri)

27 — *L'Heureuse Mère.*

GRANET (François-Marius)

28 — *Procession dans un monastère.*
Signé et daté.

GRYF (Adrien)

29 — *Chien et chat devant un panier de pigeons.*

30 — *Paon, pintades et oiseaux de basse-cour.*

31 — *Renard, coq et poules.*

32 — *Chiens et chats.*
Suite de quatre beaux panneaux décoratifs.

GRYF (Adrien)

33 — *Buse et canard sauvage.*

34 — *Paon, poules, perroquet.*
Deux dessus de portes.

HASSELEER (E.-A.)

35 — *Rochers au bord d'un cours d'eau.*
Signé et daté : *1870.*

HOLLAIN (N.)

(deux pendants)

36 — *Enfants, chiens et chats.*

HUET (Attribué à Jean-Baptiste)

37 — *Bergers gardant un troupeau.*

JONCHERIE (Hector-François)

38 — *Le Carnaval à table.*
Signé au centre.

JORDAENS (Genre de)

39 — *Les Marchands de gibier.*

KAES (J.-B.)

40 — *Portrait d'Homme tenant un livre.*
Signé et daté : *Juin 1753.*

KOBELL (Attribué à Guillaume)

41 — *L'Étable.*

LACROIX

42 — *Laveuses au bord d'un cours d'eau.*

LANTARA (Attribué à)

43 — *Bergers et animaux au bord d'un cours d'eau.*

LEDOUX (Attribué à Mlle)

44 — *Portrait de Jeune Femme, en corsage blanc avec écharpe bleue.*

LEPRINCE (Xavier)

45 — *Place publique avec église.*
Signé à gauche.

LESUEUR (Attribué à Eustache)

46 — *Le Christ à la colonne.*

LOO (Attribué à Carle Van)

47 — *Achille.*

MAES (Attribué à Nicolas)

48 — *Portrait d'Homme portant un col blanc rabattu sur un pourpoint noir.*

MAES (Genre de Nicolas)
(deux pendants)

49 — *Portraits de Femmes.*
Toiles de forme ovale.

MAGNASCO (Alexandre)

50 — *Moine en prière.*

MALTAIS (Le Chevalier)

51 — *Aigle, singe et coffre d'orfèvrerie.*

Dessus de porte.

MARIO DI FIORI

52 — *Fruits et vases de fleurs.*

Deux dessus de portes.

MARTIN (Guillaume)

53 — *L'Enlèvement d'Hélène.*

MARTIN (Guillaume)

54 — *Scènes de l'Histoire d'Antoine et de Cléopâtre.*

Deux tableaux.

MARTIN (Attribué à)

55 — *Attaque d'une place forte.*

MIEREVELT (Attribué à)

56 — *Portrait d'Homme tenant des gants.*

Daté : *1626.*

MIGNON (Genre d'Abraham)

57 — *Fruits sur une table de pierre.*

MOUCHERON (Frédéric)

58 — *Paysage d'Italie avec figures au premier plan.*

NEEFS (Attribué à Peter)

59 — *Intérieur d'Église.*

NETSCHER (Attribué à Constantin)

60 — *Jeune Fille coiffée d'un turban.*

NETSCHER (Attribué à Théodore)

61 — *Portrait de Femme en bergère devant une fontaine.*

NOLEMAN (A.)

62 — *Paysage avec moulin au bord d'un cours d'eau; effet de soleil couchant.*

Signé et daté : *79*.

OMMEGANCK (Balthasar-Paul)

63 — *Bergers gardant un troupeau.*

Signé à droite.

PELLEGRINI (Louis)

64 — *Les Saintes Femmes.*

Signé et daté : *1869*.

POEL (Van der)

65 — *Incendie de Troie.*

POURBUS (Genre de)

66 — *Portrait d'Homme.*

POUSSIN (Ecole de NICOLAS)

67 — *Saint Jean l'Evangéliste.*

RANC (JEAN)

68 — *Portrait présumé de L. Urbain de Caumartin.*

RAPHAEL (D'après)

69 — *La Belle Jardinière.*

RIBERA (Attribué à)

70 — *Saint Pierre.*

RIGAUD (Attribué à HYACINTHE)

71 — *Portrait d'un Magistrat.*

RIGAUD (École de)

72 — *Portrait d'un Officier.*
Toile de forme ovale.

RIGAUD (D'après)

73 — *Portrait présumé du chancelier d'Aguesseau.*

ROMEYN (W.)

74 — *Bergère gardant un troupeau.*

ROOS DE TIVOLI

(DEUX PENDANTS)

75 — *Bergers et animaux.*

ROSLIN (Attribué à)

(DEUX PENDANTS)

76 — *Portraits de l'Empereur Paul Ier et de l'Impératrice.*

ROTTENHAMER (JEAN)

77 — *La Sainte Famille.*

Peinture sur cuivre.

RUBENS (École de)

78 — *Saint Gérome.*

RUYSDAEL (Genre de SALOMON)

79 — *Paysage avec tour.*

RYCKAERT (Attribué à DAVID)

80 — *La Collation.*

RYCKAERT (D'après DAVID)

81 — *Sculpteur à l'atelier.*

SAINT-PIERRE (GASTON)

82 — *La Camargue.*

Signé à gauche.

SAMUEL (Le Frère)

83 — *Une Jeune Fille italienne.*

Signé et daté : *72.*

SAMUEL (Le Frère)

84 — *Le Tribunal des Singes.*

SCHALKEN (Attribué à GODEFROID)

(DEUX PENDANTS)

85 — *Saint Pierre.*

86 — *La Madeleine.*

SOLIMÈNE (Le Chevalier FRANÇOIS)

87 — *L'Adoration des Mages.*

SUBLEYRAS

(DEUX PENDANTS)

88 — *Antoine et Cléopâtre.*

89 — *Saint Charles Borromée.*

SWEBACH (EDOUARD)

90 — *Course d'obstacles.*

Signé et daté : *1839.*

TARAVAL (HUGUES)

91 — *La Jeunesse de Bacchus.*

TENIERS (D'après)

92 — *La Partie de dés.*

TOBAR (ALPHONSE-MICHEL DE)

93 — *Saint Sébastien.*

TRISTAN (LOUIS)

94 — *Saint Bruno.*

Curieux tableau du maître de Velasquez.
Signé et daté : *1627*.

TULDEN (Attribué à VAN)

95 — *La Vierge et l'Enfant Jésus entourés d'une guirlande de fleurs et de fruits.*

UISWAEL (R.)

96 — *Portrait de Jeune Homme.*

Signé et daté : *1646*.

VALENTIN (BOULONGUE, dit le)

97 — *Un Druide.*

VERDUSSEN (JEAN-PIERRE)

98 — *Paysage avec figures et animaux.*

VERNET (Attribué à JOSEPH)

99 — *Port de mer avec tour en ruine.*

VERNET (Genre de Joseph)

100 — *Ruines, rochers et cours d'eau.*

Effet de neige.

VESTIER (Genre de)

101 — *Portrait de Jeune Femme avec une rose à son corsage.*

VIEN (Attribué à)

102 — *Pygmalion et Galatée.*

WENIX (Attribué à Jean-Baptiste)

103 — *Fruits et oiseaux dans un parc.*

WITT (J. de)

104 — *Figures allégoriques.*

ÉCOLE ANGLAISE

105 — *Portrait d'Homme en redingote noire.*

ÉCOLE ANGLAISE

106 — *Portrait de Femme coiffée d'un bonnet.*

ÉCOLE FLAMANDE (XVIIe siècle)

107 — *Le Christ ressuscité.*

ÉCOLE FLAMANDE

108 — *Un Philosophe.*

ECOLE FLAMANDE

109 — *Portrait de Jeune Femme assise.*

ÉCOLE FLAMANDE

110 — *Portrait de Femme coiffée d'un voile.*

ÉCOLE FRANÇAISE (XVIIIe siècle)

111 — *Fruits et gibier.*

ÉCOLE FRANÇAISE (XVIIIe siècle)

112 — *Portrait d'un Moine Franciscain.*

ÉCOLE FRANÇAISE (XVIIIe siècle)

113 — *Portrait de Femme en robe blanche.*

ÉCOLE FRANÇAISE (XVIIIe siècle)

114 — *Portrait d'un Chevalier de la Toison d'or.*

ÉCOLE FRANÇAISE (XVIIIe siècle)

115 — *Portrait de Femme tenant un feuillet de musique.*

ÉCOLE FRANÇAISE (XVIIIe siècle)

116 — *Portrait de Femme en corsage rouge avec écharpe verte.*

ÉCOLE FRANÇAISE (XVIIIe siècle)

117 — *Entrée de port.*

ÉCOLE FRANÇAISE (XVIIIe siècle)

(DEUX PENDANTS)

118 — *Villageois au repos.*

ÉCOLE FRANÇAISE (XVIIIe siècle)

119 — *Jeune Femme assise tenant un chien.*

ÉCOLE FRANÇAISE (XVIIIe siècle)

120 — *Portrait de Jeune Femme portant une haute coiffure.*

ÉCOLE FRANÇAISE

121 — *Composition allégorique.*

ÉCOLE FRANÇAISE

122 — *Paysage italien avec pont de bois.*

ÉCOLE FRANÇAISE (XIXe siècle)

(DEUX PENDANTS)

123 — *Portraits d'Homme et de Femme.*

ÉCOLE HOLLANDAISE (XVIIe siècle)

124 — *Paysage avec rochers et cascades.*

ÉCOLE HOLLANDAISE (XVIIe siècle)

125 — *Portrait d'Homme en vêtements noirs à rabat blanc.*

ÉCOLE HOLLANDAISE (XVIIe siècle)

126 — *Nature morte.*

ÉCOLE HOLLANDAISE (XVIIe siècle)

127 — *Singe, hibou, instruments de musique, buste de plâtre et autres objets inanimés.*

ÉCOLE HOLLANDAISE (XVIIe siècle)

128 — *Portrait d'Homme tenant un livre.*

ÉCOLE HOLLANDAISE (XVIIe siècle)

129 — *Brioche, fruits, bouteille et pot de gelée.*

ÉCOLE HOLLANDAISE (XVIIIe siècle)

130 — *Mercure et un berger.*

ÉCOLE HOLLANDAISE

131 — *Fruits et crustacés.*

ÉCOLE HOLLANDAISE

132 — *Portrait de femme assise tenant un livre d'heures.*

ÉCOLE HOLLANDAISE

133 — *Portrait d'Homme en vêtement noir et fraise tuyautée.*

Daté : *1623.*

ÉCOLE ITALIENNE (XVIe siècle)

134 — *Jésus et la Samaritaine.*

ÉCOLE ITALIENNE (XVIIe siècle)

135 — *Sainte Catherine.*

ÉCOLE ITALIENNE (XVIIe siècle)

136 — *Saint Jean-Baptiste.*

ÉCOLE ITALIENNE (XVIIe siècle)

137 — *Palais au bord de la mer.*

ÉCOLE ITALIENNE (XVIIIe siècle)

138 — *Un Mariage dans une église.*

ÉCOLE ITALIENNE (XVIIIe siècle)

139 — *Entrée d'un port de mer.*

ÉCOLE ITALIENNE

140 — *La Madeleine.*

ÉCOLE ITALIENNE

141 — *Fruits.*

Dessus de porte.

ÉCOLE MODERNE

142 — *Fruits posés dans un parc.*

Dessus de porte.

ÉCOLE MODERNE

143 — *Paysage avec figures et animaux.*

ÉCOLE MODERNE

144 — *Le Christ au roseau.*

145 — Sous ce numéro seront vendus des tableaux non catalogués.

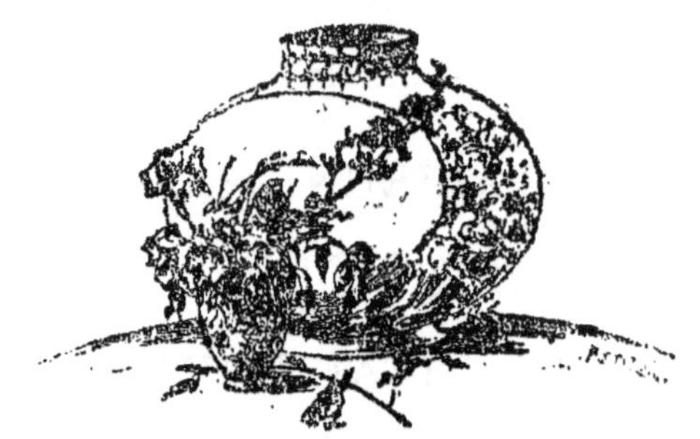

www.ingramcontent.com/pod-product-compliance
Lightning Source LLC
LaVergne TN
LVHW010313230826
846091LV00007B/3143

9782329504322